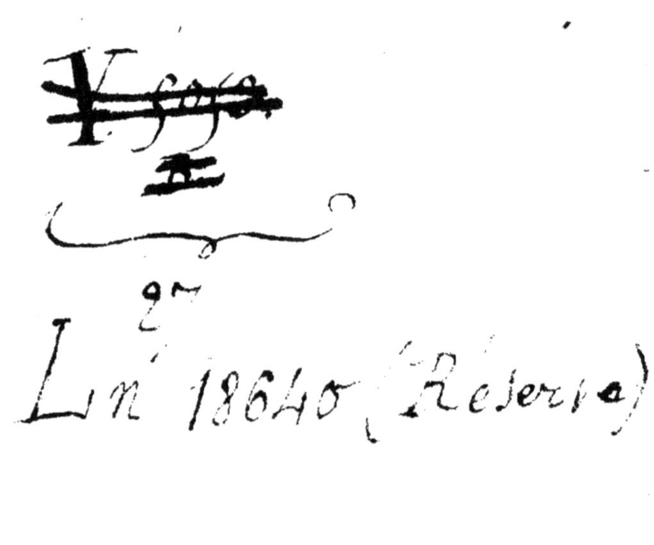
2º
L.ni 18640 (Reserva)

LE BVRLESQVE MALADE,

OV LES COLPORTEVRS AFFLIGEZ

Des nouuelles de la griéue & perilleuse Maladie

DE MONSIEVR SCARON

PRINCE DES POETES BVRLESQVES.

DIALOGVE DES DEVX Comperes Gazetiers.

A PARIS.

Chez IEAN BAPTISTE LOYSON, ruë sainct Iacques, à la Croix Royale, prés la Poste.

M. DC. LX.

Auec priuilege du Roy.

DIALOGVE
DE DEVX COMPERES
GAZETIERS.

LE TVRC ET LA RVINE.

LE TVRC.

COMPERE fais-tu la nouuelle
Qui court de Ruelle en Ruelle ?

La Ruine.

Quelle eſt elle, Amy dis-la moy ?
Ie ſeray ſçauant comme toy.

Le Turc.

Las ! quand j'y ſonge ie ſoûpire
Et ie ne ſçaurois te la dire.

La Ruine.

Tu me ſurprens par ton diſcours,
Toutefois elle a peu de cours,
Puis que ie n'en ſçay rien encore.

Le Turc.

Perſonne toutefois n'ignore
Que l'Illuſtre Scaron ſoit mort.

La Ruine.

Tout beau, ne luy fais pas ce tort,
Ie sçay bien que Scaron l'Apoſtre
Eſt mortel auſſi bien qu'vn autre ;
Mais ie sçay fort bien qu'il n'a pas,
Payé le tribut au treſpas ;
Il eſt vray que ce grand Genie,
Digne d'vne gloire infinie.
Qui de nous seroit regreté,
Eſt malade à l'extremité ;
Toute la Cour en eſt en peine,
On en eſt faſché chez la Reine.
Et ſon treſpas aſſurément
La toucheroit extremement ;
Combien de fois l'a-t'il fait rire
En pinçant ſa Burleſque Lire ;
Combien de fois par ſes beaux Vers,
A-t'il fait rire l'Vniuers ?
En verité mon cher Compere,
Comme toy je me deſeſpere,
Tant je crains que Monſieur Scaron
Ne paſſe la barque à Caron.

Le Turc.

Si la France perdoit cét homme
Qu'elle eſtime & qu'elle renomme,
I'abandonnerois le meſtier
De Colporteur & Gazetier ;

Car luy mort, dis-moy ie te prie,
Pourrions-nous gagner noſtre vie?
Tous les iours ce gentil Eſprit
Nous faiſoit part de quelque eſcrit,
Dont le debit & dont la vente
Nous eſtoit vne bonne rente,
Nos familles s'en portoient mieux
Et nous en eſtions plus joyeux,
Parce qu'enſemble à la ſourdine
Nous beuuions plus ſouuent chopine.

La Ruine.

En effet, depuis quelques mois
Qu'il eſt entrepris de ſes doigts,
Et qu'il giſt en ſon lit malade
Ie trouue noſtre gain bien fade,
Et ſans les Vers du ſieur LORET,
Et les Iournaux de COLLETET,
Ie ne ſçay pas mon cher Compere
Ce qu'il nous auroit fallu faire.

Le Turc.

Adjouſte encore à ce mot
La Gazete de Renaudot,
Et ſes curieuſes Nouuelles
Qui ne ſont pas des bagatelles.

La Ruine.

De celles-là ie n'en dis rien,
C'eſt noſtre pain quotidien,

A iij

Et s'il n'estoit point en nature
Nous dirions adieu la voiture

Le Turc.

Mais cher Compere tout de bon
Perdrons-nous le fameux Scaron.

La Ruine.

Dés hier sollicité d'enuie
De sçauoir s'il estoit en vie,
Ie criay la Gazete exprés
Dedans le quartier du Marais,
Et me trouuant dedans sa ruë,
Large & de fort belle estenduë,
Ie m'informay dans sa maison
Si Scaron estoit mort ou non ;
Dabord vne grande Seruante,
Qui me parut assez mouuante,
D'vn ton triste & d'vn air fort bas,
M'asseura qu'il ne l'estoit pas,
Que ce n'estoit qu'vn bruit de Ville,
Que des personnes plus de mille
Le croyoient aussi bien que moy,
Mais qu'il n'en estoit rien sa foy.
Quoy qu'elle jasast de la sorte,
Ne m'ouurant qu'à demy la porte,
Ie n'eusse iamais creu cela,
Si deux Laquais arriuans là,

L'vn de Madame de la Suse,
Cette belle & sçauante Muse,
L'autre d'vn Comte ou d'vn Baron
Dont j'auois retenu le nom,
(Mais qui s'est, à force de boire,
Euanoüy de ma memoire)
N'eussent pareillement appris
Que la mort ne l'auoit point pris,
Qu'il se rioit de ses atteintes,
Que tout cela n'estoit que feintes,
Pour voir si dedans sa douleur
Elle pourroit luy faire peur.

Le Turc.

Luy qui sçait faire la Satyre,
Ie crois qu'il ne s'en fait que rire.

La Ruine.

Elle pourroit bien à son tour
Rire aussi de luy quelque iour ;
I'en serois fasché ie t'asseure,
Car vn homme de sa nature
Est plus necessaire icy bas
Que le monde ne le croit pas ;
C'est par luy que plusieurs Libraires
Ont fait leurs petites affaires,
Que Messieurs les Comediens
Ont gagné de solides biens ;

Que tous les Crieurs de Gazetes,
Auec ſes pieces ſi bien faites,
Ont eu ſouuent dedans la main
Les ſous marquez & le douzain.
Si quelque cahier nous demeure,
Nous n'auons qu'à crier ſur l'heure,
Piece nouuelle de Scaron ,
Tout le monde le trouue bon ,
Quoy que ſa plume, qui ſçait plaire
N'ait jamais penſé de le faire ,
Tant il eſt vray que ſes Eſcrits
Ont charmé tous les beaux Eſprits ,
Qui voudroient toutes les ſemaines
En auoir les mains toutes pleines.

Le Turc.

O que ſi cét homme galant
Dedans le Burleſque excellent,
Quand la Reine fit ſon entrée
Dans cette Ville ſi parée ,
Ainſi qu'autrefois euſt eſté
Dans vne parfaite ſanté :
Il eut fait de belles merueilles ,
Il euſt enchanté les oreilles
Tant des deux Reines que du Roy ;
Et mon cher Compere crois-moy ,
Qu'en vendant ſes petits Ouurages
De trois , de quatre ou de ſix pages,

Nous aurions plus gagné cent fois
Qu'à vendre les Tableaux des Rois,
Le Feu Royal & les Deuises
Et plufieurs auttes Marchandifes,
La Piece des Prouinciaux,
Et les Mandemens generaux,
L'Ordre obferué par la Milice,
Qui deuoit faire l'exercice,
La Conference de Ianot,
Et la Refponfe de Piarot,
Quoy que ces Pieces accomplies,
Paffent pour eftre affez jolies,
Et que les hommes curieux
Les conferuent toûjours chez eux.

La Ruine.

Peut-eftre que Madame Parque,
Qui le menace de fa barque,
Aueque fon cifeau fatal,
Ne le traitera pas fi mal,
Et qu'apres cette maladie
Où le Medecin remedie,
Cét Efprit des plus deliez
Reuiendra deffus fes deux piedz,
Son Efpoufe charmante & belle
Nous en apprendra la nouuelle,
Et les Autheurs dedans leurs Vers
Le profneront par l'Vniuers;

Ainſi nous aurons dequoy frire,
Debitant ſes Pieces à rire,
Et tout ce qui nous reſte encor
Se pourra vendre au poids de l'or.

Le Turc.

Dieu veüille exaucer ta Priere
Et le defendre de la biere,
Pour moy qui l'aime autant que deux
Ie fais pour luy les meſmes vœux,
Afin que bien-toſt ce Poëte
Soit dans vne ſanté parfaite,
Car je voudrois dés aujourd'huy
Vendre quelque choſe de luy,
Nos Camarades le ſoûpirent,
Toutes nos Femmes le deſirent,
Et nous les rejoüirons fort
De leur dire qu'il n'eſt pas mort.

F I N.

LE TESTAMENT
DE MONSIEVR
SCARON.
SON
EPITAPHE
ET SON PORTRAIT
EN VERS BVRLESQVES.

L n'eſt plus temps de rimailler,
On m'a dit qu'il faut détaller,
Moy qui ſuis dans vn cul de jatte
Qui ne remuë pied ny patte,
Et qui n'ay jamais fait vn pas
Il faut aller juſqu'au treſpas,
Ie feray pourtant ce voyage
Ce me ſemble d'vn grand courage :

Car la rigueur de mon tourment
Adoucit fort mon monument
Ie ne crains les eaux du Cocite
Pourueu que la goutte me quitte
Et que je trouue du repos :
Mais quand je voy cette Atropos
Et que mon mal est sans remede
Ie la trouue encor bien plus laide.
Et bien plus affreuse que moy :
Dieux que c'est vne rude loy,
Ie n'y trouue rien de burlesque,
Rien de plaisant, rien de crotesque
Si ce n'estoit qu'asseurement
Ie passerois pour vn Normant,
Ie me dédirois bien encore
A voir la mort qui tout devore,
Ie resterois dans mon grabat
Sans manchette ny sans rabat
A composer quelques sornettes,
Tant cette vie a d'amourettes.
Mais vn Medecin tres méchant
M'a dit en son funeste chant,
Comme oyseau de mauuaise augure,
Qu'il falloit payer à nature
Le tribut Vendredy prochain,
Ainsi j'ay signé de ma main

Mon

Mon teſtament dans ce langage,
Que je vous ay laiſſé pour gage.

TESTAMENT.

AV nom d'Appollō mon Seigneur,
Moy SCARON malheureux
rimeur,
Sein d'eſprit, de corps bien malade,
Preſt de la mortelle eſtrapade
Ne voulant mourir, *in teſtat*,
Tout ainſi comme vn apoſtat.
I'ay declaré deuant les Muſes,
Sans dol, ny ſans fard, ny ſans ruſes,
Mon ordonnance en équité
De ma derniere volonté:
C'eſt à ſçauoir (mot de Notaire)
Icy pourtant fort neceſſaire
Que je diſpoſe de mes biens
Non en faueur des enfans miens:
Car ce m'eſt bien de la diſgrace
De ne laiſſer point de ma race:
Mais en faueur de mes amis
De ce peu que le Ciel a mis,
L'également ſous ma puiſſance,
I'en fais icy reconnoiſſance,
C'eſt à dire differends dons,
Selon que je les ay creu bons.

B

Premierement, je donne & legue
A ma femme qui n'eſt pas begue,
Pouuoir de ſe remarier,
Sans aucun deſſein palier,
De crainte d'vn plus grand deſordre;
Mais pour moy je croy que cét ordre
De ma derniere volonté,
Sera le mieux executé :
Car il eſt vray, malgré moy meſme,
Ie luy ay fait faire vn Careſme
Qui la doit mettre en appetit,
Qu'elle en vſe donc vn petit :
Et que ſa ſage Politique
N'vſe pas d'vn Paralitique,
Mais qu'elle joüiſſe des biens
Que permettent les ſacrez liens ;
Mais ſi quelqu'autre eſpoux l'appro-
   che ,
Qu'elle ne faſſe point reproche
Des vertus du premier mary
Pour rendre le ſecond mary :
Du reſte ſelon la couſtume ,
Si Dieu m'enuoyoit vn poſthume
Quelque temps aprés mon treſpas ;
Ce que pourtant je ne croy pas,
Soit à Neveux, ſoit à Nieſſes ,
Lors je reuoque mes largeſſes.

Item, à mon amy Loret
Ie donne vn muid de vin clairet,
Qui m'a cent fois fauué la vie,
Pour boire à fa premiere envie,
Et faifant rotir le maron,
Se fouuenir du bon SCARON,
Ma Pie qui des mieux caquette,
Auffi pour joindre à fa Gazette.
Item, par liberalité,
Cinq cents liures de grauité,
A l'vn & à l'autre Corneille,
Pendant qu'ils chanteront merueille,
Et mon jardin fur l'Helicon,
Qui rapporte vn fruit bel & bon,
Semé des plus belles penfées
Que Phebus ait jamais tracées.
Item, au fieur de Boifrobert,
Que l'on ne prend jamais fans vert,
Cent liures de galanterie,
Et quatre cents de manterie,
Et des fecrets prodigieux
Que noftre Art produit en tous lieux,
Comme par les Eaux de Iouuence
Remettre les vieux en enfance,
Donner vne viue beauté
A l'affreufe deformité,

B ij

Faire vn Louure d'vne cabane,
D'vne coureuse vne Suzanne,
D'vn folatre en faire vn Caton,
Et d'vn gros asne vn Ciceron ;
Quelque chose de plus encore
Peser le vent, blanchir vn More,
D'vne farce en faire vn sermon,
Et cannoniser vn Demon,
Predire les choses futures,
Grossir ou moindrir les figures,
Faire vn nouueau Calendrier
Et d'vne buse vn esperuier,
Faire vn liberal d'vn auare,
Comme d'vn sot vn homme rare,
Vn Alexandre d'vn poltron,
Et d'vn petit nain vn Typhon.
   Item, au sieur de Benserade,
Quatre cents liures de pommade,
Aueque quatorze quintaux
De Sonnets & de Madrigaux,
Et la plus belle melodie
Qu'ait jamais inuenté Talie,
Epigrammes, Odes, Balets,
Epithalames, Triolets,
   A Moliere le cocuage.
   Au gros Saint Amant du fromage,

A prendre sur le Milanois,
Le Parmesan, ou Modenois,
Et pour sa Rome ridicule
Vne tres-fauorable Bulle.

 Item, ie legue au sieur Quinaut
Sur le Tresorier Guenegaud,
Six cents liures d'anthouziasme
Auec la doctrine d'Erasme,
La fierté des vers empoulez
Dans des actes bien enrolez.
Et comme vn esprit charitable
Doit assister vn miserable,
Ie donne au Poëte croté
Deux cents liures de vanité,
Cent liures d'antiperistase,
Vne estrille à penser Pegase;
Pour contenter sa passion
Vne feinte approbation
De ses plus ridicules œuures;
Car il aualle des couleuvres
Autant qu'on luy reprend de vers,
Tant il a l'esprit à l'envers,
Mais ie ne fais qu'vn don funeste
A cet épouuentable peste,
Au Satyrique hors de propos,
Et perturbateur du repos,

B iij

Empoiſonneur d'eau d'Hypocrenne,
Ie donne & legue la gangrenne,
La fievre-quarte, le haut-mal,
Le farcin meſme du cheual,
Et comme à moy goutes bien rudes
Qui tourmentent les fols & prudes,
Ma chaire & mon infect baſſin,
Vn fort ignorant Medecin,
Auecque tous les maux encore
De cette boëte de Pendore;
D'vn ialoux le faſcheux tourment
Qui le ronge eternellement.

CODICILE.

Mais pour n'vſer point d'apoſtille
Pour beaucoup que i'auois omis
Ie fais icy mon Codicille
Pour mes plus confidens Amis,

Ce ſont ceux de l'Accademie,
Où brillent les Eſprits du temps,
Dont ma Muſe eſtoit tant amie,
Ie veux tous les rendre contens.

Autant Poëtes qu'Orateurs
Ie donne quantité d'eloges

A ces illuſtres Correcteurs,
Sans qui nous ſerions Allobroges,

Ie donne vn fort bel équipage
Aux Cotin, Teſtu, Baleſdans
Pour bien coriger le langage
De nos enceſtres ignorans.

La netteté, la politeſſe,
Pour retrancher le ſuperflu,
Euiter la molle baſſeſſe
Dedans vn ſtile reſolu.

Pour corriger la Comedie
Et toute maniere d'eſcrits
Ie donne l'Encyclopedie
A ces admirables Eſprits.

Pour Peliſſon n'eſt guere en peine
D'eſtre en mon Teſtament eſcrit,
Il a fait comme Madelaine
Optimam partem elegit.

Ainſi ie ne fais nul outrage,
Ie donne à tous ſelon la loy;
Mais pour acheuer mon ouurage,
Et ſous le bon plaiſir du Roy.

Ie mets librement mon paraphe
Pour receuoir mes penſions,
De qui joindra mon Epitaphe
A mes dernieres actions.

EPITAPHE

DE MONSIEVR

SCARON.

Celuy qui cy-maintenant dort,
Fit plus de pitié que d'enuie,
Et ſouffrit mille fois la mort
Auant que de perdre la vie.

Paſſant, ne fais icy de bruit,
Garde bien que tu ne l'eſueille;
Car voicy la premiere nuit
Que le pauure Scaron ſommeille.

SVR LE PORTRAIT

DE MONSIEVR

SCARON.

TOY qui vois dans cette Peinture
Vn plus bel esprit que Caton
Sous le portrait d'vn auorton ;
Sçache, Lecteur, que la Nature
Mit son pouuoir & son credit
Pour rendre parfait cet esprit,
Si bien que dans ce grand Genie
Ayant espuisé ses tresors,
Sa puissance se vit finie
Sans pouuoir acheuer le corps.

SVR LE MESME

PORTRAIT.

En Vers Burlesques.

ALORS que Nature entreprit
Par l'ordre du Lance-tonnerre,
De faire le plus bel esprit
Qui fut iamais, dessus la terre,

Elle en vint enfin à l'effet ;
Mais voulant donner dauantage ,
Pour rendre son œuure parfait ,
Au bel esprit vn beau visage .

Le mesme Iupiter jaloux ,
D'vn esprit tout remply de flames ,
Luy fit cesser tout en courroux
La façon de si belles ames .

Et de peur qu'il ne penetra
Dans les secrets de l'Empirée ,
Il luy cria, *non plus vltra* ,
Il a l'ame assez esclairée .

Soudain la Nature à ces mots
Quitta cette inparfaite trogne ,
Et de sa chair fit vn chaos .
N'osant acheuer sa besogne

F I N.

LE LIBERA

CHANTÉ PAR LES

MVSES

SVR LE MONT DE PARNASSE,

DE LA MORT

DE MONSIEVR

SCARON,

EN VERS BVRLESQVES.

Llustre & rare amy que j'ayme
Autant, peu s'en faut que moy-
mesme,
Cette longue Espitre n'est pas
Pour te prouoquer aux esbas,
Dont Burlesque, façon d'écrire,
Régale quiconque aime à rire :

C'eſt plûtoſt, mon cher Ordugneau ;
Le fidelle & triſte tableau
De la doleance funebre
Que mainte Deité celebre
Fit, dit-on, Vendredy dernier,
Quand la parque, ſans barguigner,
Donna le cruel coup de patte
A cét excellent cul de jatte,
SCARON, dont l'ame prit l'eſſort
Par le mortel Arreſt du ſort.
O Dieux que deſſus le Parnaſſe
Cauſa de deüil cette diſgrace :
Phebus arracha ſes cheueux,
Les Muſes chierent des yeux,
Pegaſe exprima ſa détreſſe
Auec vne extreme tendreſſe :
Bref, le Parnaſſe en general,
Tant Dieu, Deeſſe, que cheual ;
Témoigna ſa douleur preſſante,
Minerue, Dame tres-ſçauante,
Qui des Muſes fait grand eſtat,
Oyant le terrible ſabat
Que ſur le Mont à double crouppe,
Faiſoit cette dolente trouppe,
Croyant qu'on y donnaſt l'aſſaut,
S'y rendit en faiſant vn ſaut,

Ignorant

Ignorant encor quelle cauſe
Produiſoit ſi eſtrange choſe.
Ce ſpectacle la ſurprit fort,
Et découurant Phebus d'abort,
Non, brillant comme d'ordinaire,
Il paroiſt ſur noſtre hemiſphere,
Non ſi diſpos ny ſi gaillart,
Qu'alors que d'vn deſir paillart,
A ſa Thetis il s'en va faire
Ce qu'en le faiſant fit ſon pere,
Ains l'œil eſteint & égaré,
Marchoit d'vn pas mal aſſeuré,
Et ſuccombant à la triſteſſe
Vint tomber prés d'elle en foibleſſe.
Pallas voyant cét accident,
Pour l'en retirer promptement,
Courut auſſi viſte qu'vn Baſque,
Puiſer de l'eau auec ſon caſque,
Dans l'hypocrene, & de cette eau
Aſpergeant ſon diuin muzeau,
Fit tant que par cette aſſiſtance
Il reuint en convaleſcence ;
Mais dés qu'il eut repris ſes ſens,
Et qu'il peut voir beſtes & gens,
Il ſe mit à gemir & braire
Dans le dernier extraordinaire,

C

Et pousser maints tendres helas,
Surquoy, luy dit Dame Pallas,
Seigneur Appollon, qui vous porte
A vous contrister de la sorte,
Hé quoy ? faut-il qu'vn Dieu si beau
S'amuse à pleurer comme vn veau ?
Ha! vrayment vous n'estes pas sage.
Elle en auroit dit d'auantage,
Mais Appollon l'interrompit,
Et sagement luy respondit,
D'vn accent triste & lamentable,
La guignant d'vn air pitoyable,
Dame Pallas, pleut au destin
Que vostre corps ne fut pas sain,
Et que sur vostre peau diuine
Galle de chien eut pris racine,
I'en serois triste & toutesfois,
Certes, je m'en consolerois
Facillement, & sans attendre
Si la Parque me vouloit rendre
Ce cher & rauissant culot,
Dont l'entretien ne fut pas sot,
Et de qui la façon d'écrire,
Me fit souuent pisser de rire,
En vn mot, ce diuin SCARON,
Qui chanta Enée & Typhon,

Ie ſçay, ô Deeſſe tres-prude ,
Que cela vous ſera bien rude ,
Car le pauuret vous aymoit fort :
Quoy ? dit Pallas, S C A R O N eſt
    mort ?
Et Atropos la deſloyalle
Nous excroque l'ame royalle ,
De cét incomparable humain ?
O ſort par trois fois inhumain ,
Faut-il que ta rigueur cruelle
M'ait faite de paſte immortelle ,
Pour ſuruiure ce grand eſprit
De qui nous auons maint eſcrit ,
Faut-il que le mortel Encombre
Ne faſſe de S C A R O N qu'vne
    ombre ?
Reprit-elle, en hauſſant la voix
Et ſouffletant ſon beau minois ;
Puis auec grande intemperance
S'arracha poil en abondance ,
Tant du chef, comme de l'endroit ;
Qui d'ordinaire eſt le moins froit :
Car ſon humeur chaude & boüil-
    lante ,
Ainſi que fille guerroyante,
Luy inſpiroit des mouuemens
Beaucoup plus prompts & violens

C ij

Que non aux Muses qui sont faites
Seulement pour conter sornettes,
Critiquiser, musiquailler,
Glozer, proser, & rimailler,
Ce n'est pas que ces pauures filles,
De leur costé fussent tranquilles,
Ains au contraire la douleur,
Leur prouoquant grands maux de
   cœur,
Auec sueurs continuelles,
Leur fit tout lascher dessous elles,
D'où s'ensuiuit exalaison,
Qui ne produisit rien de bon.
Enfin cette illustre assemblée,
Aprés s'estre tant desolée
Donna tréue quelques momens
Aux lugubres clabaudemens :
Ensuite Phebus & Minerue
Poussez d'vne pieuse verve
Creurent qu'il estoit à propos,
Pour le defunct mettre en repos,
D'entonner quelques chants fune-
   bres
Aussi triste que les tenebres;
Les Muses approuuant cela,
Chacune d'elle s'assembla.

Auec vne humble reuerence,
Faifant vne circonference
Autour de ces deux corps diuins,
Baiſſant les yeux, joignans les mains:
Ce que voyant le ſieur Pegaſe,
Qui craignit de paſſer pour aſe,
S'il ne faifoit le compagnon,
Se mit auſſi en rang d'ognon:
Ainſi tout eſtant en tel ordre,
Qu'on n'eut pû y trouuer à mordre,
Pour commencer, Maiſtre Apollon,
Prenant en main ſon violon,
D'vne maniere languiſſante
En tira muſique dolente,
Au ſon de laquelle on chanta
Vne eſpece de *libera*,
Sur le plaintif air de Birenne,
Et Pegaſe à la façon ſienne,
Accompagna de ſon patois,
Le concert de ces belles voix;
Puis la muzique eſtant finie,
Se diſperſa la compagnie,
Phebus deſſus ſon char monta,
Pallas au Ciel ſe tranſporta,
Les Muſes faifant mine griſe,
Allerent changer de chemiſe,

Pegaſe à l'eſcurie alla,
Et ainſi tout ſe termina.

Fait par moy garçon ſage &
prude,
Le jour de Saint Simon Saint
Inde.

LA
POMPE FVNEBRE
DE
MONSIEVR
SCARON.

A PARIS,
Chez IEAN RIBOV, sur le Quay
des Augustins, à l'Image S. Louis.

M. DC. LX.

AVEC PRIVILEGE DV ROY.

A MONSIEVR

LE

MARQVIS DE **

ONSIEVR,

Quoy que vous m'ayez souuent voulu persuader que i'estois heureux dans
mes imaginations, & que j'auois vn
esprit assez propre pour inuenter, vous
deuez neantmoins tomber d'accord,
que les choses dont ie vous vais entretenir sont de pures resueries; puis qu'en
effet, ce n'est qu'vn songe que ie vous
vais descrire. Trouuez bon toutefois,
qu'auant de commancer, ie vous ra-
fraischisse la memoire, de l'entretien
que j'eus auec vous cinq ou six iours

apres la mort de Monſieur Scaron.
Vous vous reſſouuiendrez donc, Monſieur, que vous ne me vouluſtes enga-
ger à faire ſa Pompe funebre, & que
ie vous dis que feu Monſieur Sarraſin,
auoit autrefois fait celle de Voiture;
& qu'ainſi l'on n'en deuoit pas entre-
prendre vne autre, que plus d'vn ſiecle
apres la mort de Monſieur Sarraſin, ſi
l'on pretendoit trauailler auec ſuccez;
puiſque dés-lors que les François
voyoient qu'vne piece portoit le tiltre
d'vne autre qui auoit desja reüſſi, ils
diſoient auant que de la voir, *que c'e-
ſtoit vne imitation, que l'on s'eſtoit ſeruy
de l'Ouurage d'vn tel.... qu'ils ſça-
uoient bien ce que c'eſtoit, & qu'ainſi ils
n'auoient que faire de la lire.* l'adjouſtay
à cela, que c'eſtoit là la maniere dont
nous traittions les vns les autres, encore que bien ſouuent nos pieces n'euſſent rien de ſemblable à celles qui portoient le meſme nom. Vous me dites
là deſſus, que ie m'allarmois à tort,
que le tiltre ne ſeroit pas ſemblable,
puis qu'il y auoit Voiture à l'vn, &
qu'il y auroit Scaron à l'autre : & que

l'on iugeroit à la differance des noms ,
qu'il y en deuroit auoir beaucoup dans
les Ouurages : Enfin vous fiftes tant
par vos perfuafions , que ie m'en re-
tourné chez moy dans la penfée dé
vous fatisfaire. I'y refué tout le foir,
& n'ayant rien trouué qui me fatisfit,
ie ne fus pas plûtot couché que j'inuo-
qué le Dieu des Songes , de me faire
voir en dormant ce que ie vous auois
promis de vous d'efcrire. Il ne manqua pas d'exaucer ma priere , & me fit
voir tant de chofes , que ie ne pour-
ray qu'à peine m'en reffouuenir ; c'eft
pourquoy ie vais commancer fans tar-
der dauantage , de crainte que ma memoire ne me joüe vn mauuais tour.

Il me fit d'abord trouuer dans la
chambre où Monfieur Scaron eftoit
malade. Il y auoit vn Notaire auec luy,
vn Deputé de la Nobleffe fpirituelle &
galante , qui s'alloit fouuent diuertir
chez luy , vn autre des Comediens, &
vn des Libraires qui auoient accoû-
tumé d'imprimer fes Ouurages.

D'abord que ie fus entré dans fa
chambre , i'entendis ces paroles que le

Deputé des Comediens difoit à Monfieur Scaron. *Puifque vous defirez, Mon-*
fieur, de faire vn teftament, veüillez de
grace eflire vn fuccefieur auant que de
mourir, qui nous puiffe faire autant ga-
gner par fes Pieces de Theatre, que vous
auez fait par les voftres. Ie fçay bien qu'il
ne reuffira pas fi bien que vous ; mais je
ne doute pas que l'on approuue fes Ouura-
ges, quand on fçaura que vous l'aurez
eftimé jufqu'au point de l'eflire pour vôtre
fuccefieur. Il n'eut pas plûtoft finy ce
difcours, que le Libraire dit, *qu'il le con-*
juroit par les mefmes raifons d'accorder
vn fuccefieur à fes vœux & à ceux de
tous fes Confreres. Le Deputé de la Nobleffe dit enfuite, *que les plus galands*
de cette Ville ne fçauroient plus ou s'aller
diuertir les jours qu'ils auroient efté mal-
traittez de leurs maiftreffes, ou qu'ils fe
fentiroient plus chagrins qu'à l'ordinaire.
Monfieur Scaron leur dit, apres les
auoir efcoutez, *qu'il defiroit les conten-*
ter, & qu'ils luy propofaffent ceux qu'ils
jugeoient dignes de luy fucceder ; afin
qu'il pût voir fur lequel il arrefteroit fon
choix. Le Deputé des Comediens luy
propofa

proposa Monsieur Quinaut, & lassura
que s'il vouloit s'attacher au Comique, il y reüssiroit tout à fait bien, &
que *ses Riualles* en faisoient foy. Le
Libraire s'opposa vigoureusement à ce
choix, & dit, *que veritablement Mon-*
sieur Quinaut auoit de l'esprit, & qu'il
auoit trouué l'art de reüssir au Theatre ;
mais qu'il n'auoit pas encore trouué celuy
de reüssir au Palais. Il proposa ensuite
Monsieur Corneille le jeune; alleguant
que son *Dom Bertrand*, *son Amour*
à la mode,& son Iodolet Prince, estoient
de chef-d'œuures comiques. Le Deputé des Comediens, demeura d'accord
que ses Pieces estoient admirables ;
mais il dit, *qu'elles coustoient trop cher*
aux Comediens, & qu'ainsi ils le prioient
de ne le point eslire. Le Libraire luy repliqua, *qu'il gaignoit plus à des Ouura-*
ges qui luy coustoient cher, & qu'il ven-
doient bien, qu'à d'autres qui luy coû-
toient peu, & qui tenoient si bien dans sa
Boutique, qu'ils n'en pouuoient jamais
sortir. Apres qu'ils eurent quelque
temps disputé, celuy qui estoit de la
part de la Noblesse, proposa Monsieur

D

Defmarets, Autheur de chef-d'œuure
incomparable que nous voyons tous
les jours reprefenter fous le tiltre des
Vifionnaires. Monfieur Scaron eftoit
fur le point de le choifir, quand il fe
reffouuint qu'il ne trauailloit plus pour
le Theatre, il y auoit des-ja long-
temps. Molier fut enfuite mis fur le
tapis; parce que les Libraires auoient
gagné à fes Pretieufes; mais Monfieur
Scaron le refufa tout net, difant que
c'eftoit vn bouffon trop ferieux; c'eft
pourquoy il pria ces Meffieurs de luy
en propofer quelqu'autre. Le Deputé
de la Nobleffe s'efcria auffi-toft, *à la
fin j'ay trouué l'illuftre qui vous doit fucceder. C'eft vn homme qui fçait tous les
tours & détours du Parnaffe, qui parle
auffi bien qu'il efcrit, qui fçait agreable-
ment entretenir vne compagnie, & qui
apres vous peut fe venter d'eftre l'incomparable en matiere de Satyre galante: Enfin c'eft le fameux Monfieur de Bois-robert. Tous s'efcrierent, qu'il auoit raifon*
Scaron demeura d'accord d'en faire
fon fucceffeur. Apres cela nous for-

tifmes tous , & nous le laiffafmes feul
auec le Notaire. Les autres fortirent
du logis : Pour moy j'entré dans vne
chambre que ie trouué ouuerte , &
comme ie me fus quelque temps amu-
fé à repaffer dans mon efprit les chofes que ie venois de voir, i'entendis vn
grand bruit. Les vns crioient, *Helas !*
que feray ie , mon pauure Maiftre vient
de mourir. Les autres difoient , *quoy,*
Monfieur Scaron eft donc mort ? & les
derniers adjoûtoient , *c'eft grand dom-*
mage ; car il pouuoit encor viure long-
temps. Ie fus plus d'vne heure à enten-
dre ces difcours , & d'autres fembla-
bles , que tenoient ceux qui entroient
dans le logis : & qui malgré ma douleur , me faifoient rire auec plus d'é-
clat que ie ne voulois : car ie craignois
d'eftre maltraitté , fi ces gens qui fon-
doient en larmes , m'euffent apperceu
rire au milieu d'eux.

Apres que leur douleur fe fut vn
peu appaifée , je vis entrer vn Galand
fort bien fait, qui auoit l'efpée au cofté,
& qui menoit vne Dame , qui me parût d'vne beauté extraordinaire. Ces

deux perſonnes eſtoient accompagnées d'vn homme de longue robbe, qui paroiſſoit à la mine eſtre fort ſeuere. Ie m'enquis d'vn des domeſtiques que je trouué prés de moy, quels gens c'eſtoient là : Il me reſpondit, *qu'ils venoient pour reigler les rangs de ceux qui deuoient aller à la Pompe funebre de ſon Maiſtre.* Comment, luy repartis-ie, *pour regler les rangs. Quoy vous ignorez donc,* ce dit-il, *que mon Maiſtre auant que de mourir ; iugeant bien que les Autheurs qui l'accompagneroient iuſques au lieu de ſa ſepulture ſe pouroient quereller pour le pas, & craignant qu'il n'arriuaſt du deſordre, & que par quelques coups de poings les Autheurs ne perdiſſent leur grauité, il a ordonné qu'ils viendroient auant la ceremonie dire leurs noms à ces trois perſonnes, & ceux de leurs Ouurages ; afin qu'elles ordonnaſſent apres du Rang que ſelon leur merite ils deuoient tenir.* Quand il eut acheué de parler, je luy demandé s'il ne ſçauoit point la raiſon pourquoy il auoit choiſi ces trois perſonnes ? il me reſpondit *qu'ouy, & que l'homme de robbe que i'auois veu, eſtoit*

*vne des perſonnes du monde qui entendoit
le mieux les langues Latine, Grecque, &
Italienne, & qu'il deuoit ordonner du
rang des Traducteurs. Que l'autre eſtoit
vn homme, qui depuis vingt années eſtoit
Lieutenant General dans les armées du
Roy, & qui entendoit tout à fait bien l'art
militaire, & que celuy-là deuoit auſſi ordonner du rang de ceux qui en parloient
dans leurs Ouurages : Comme dans les
Poëmes Epiques, Romans, Comedies, &
autres : & que comme ces choſes eſtoient
entremeſlées d'amour, & qu'il n'y auoit
perſonne qui pût mieux iuger que les femmes de la delicateſſe de cette paſſion, il
deuoit auant que de donner ſa voix, con-
ſulter auecque celle que i'auois veu entrer
auec eux, pour ſçauoir ceux qui auoient
bien réuſſi en ce genre.* Cette idée me parût ſi plaiſante, que ie reconnus bien
que Scaron, auoit toûjours eſté luy-
meſme iuſques au moment de ſon treſpas. Ie quitté auſſi-toſt mon homme,
que ie remercié de la peine qu'il auoit
priſe à me raconter toutes ces choſes:
& je me coulé parmy les Autheurs,
qui entroient dans la chambre où l'on

D iij

deuoit ordonner de leurs rangs.

Ie n'y fus pas plûtoft entré, que ie me caché en vn coin où ie ne pouuois eftre apperceu, quoy que ie fuffe vis à vis d'vne table, deuant laquelle les trois Iuges eftoient affis chacun dans vn fauteüil : & ie ne fus pas plûtoft à ma place, que Monfieur Chapelain prit la parole, & dit, *Ie croy qu'il n'eft pas neceffaire, ô tres-equitables Iuges, que ie vous allegue beaucoup de raifons pour vous pouffer à m'accorder le premier rang à la Pompe funebre de Monfieur Scaron, & ie croy n'auoir plus rien à dire, quand ie vous auray fait reffouuenir que ie fuis l'Autheur de la Pucelle. Vous fçauez combien i'ay efté de temps à compofer cét Ouurage, & que malgré les enuieux ce Poëme n'a pas laiffé que de m'acquerir le nom de Virgile François,* Et quoy? luy repliqua Monfieur de Scudery, *croyez-vous que pour auoir efté vingt ans à faire la Pucelle, elle foit meilleure qu'Alaric, bien qu'il ne m'ait coufté qu'vne année. Ce n'eft pas par la longueur du temps qu'ils ont coufté que nous deuons iuger des Ouurages,* repartift Monfieur Defmarets,

& ie crois que mon Clouis eſt du moins auſſi bon que les voſtres, & merite peut eſtre le premier rang. Le premier rang, repartit le Pere le Moine, il faudroit que ie n'euſſe pas fait Saint Louis. Et moy Moyſe ſauué, dit Monſieur de Saint Amant, en l'interrompant. Les Iuges prirent alors la parole, & luy dirent, que Moyſe ſauué n'eſtant point vn Poëme Epique, il ne deuoit pas pretendre d'aller de pair auec ceux qui en auoient fait ; bien que ſes vers fuſſent peut-eſtre auſſi beaux. I'entendois pendant ce temps Monſieur Teſtu, qui diſoit bas à vn de ſes amis. Ah ! que mon Poëme de Iudic, n'eſt-il acheué, ie ſerois aſſuré de l'empor-ter aujourd'huy pardeſſus tous ces Meſ-ſieurs. Dés que les Iuges eurent ache-ué de parler à Monſieur de Saint Amant, cinq ou ſix Autheurs prirent la parole en meſme temps, ce qui fut cau-ſe qu'ils leurs dirent qu'ils les alloient eſcouter, pourueu qu'ils parlaſſent les vns apres les autres. Et apres leur auoir fait cette promeſſe, ils dirent à Meſ-ſieurs les Autheurs Epiques, qu'ils n'or-donneroient du rang de qui que ce fut,

*qu'apres que tous les Autheurs auroient
parlé* : Alors Meſſieurs de Marolles,
Brebeuf, Dablancourt, du Verdier,
Charpentier, & tous les autres Tradu-
éteurs diſputerent long-temps a qui
marcheroit le premier. Apres eux,
Meſſieurs les Autheurs Comiques par-
lerent, excepté Monſieur de Corneille
l'aiſné, a qui chacun donna ſa voix Il
n'en fut pas de meſme du Cadet ; car
pluſieurs diſputerent contre luy, &
entr'autres Monſieur Boyer, qui a l'eſprit tout plein de feu , fiſt le diable à
quatre pour paſſer deuant; mais le Cadet Corneille luy reſpondit aſſez perti-
nemment, quoy qu'auec ſa froideur &
ſa modeſtie ordinaire. L'Autheur de
Caſſandre, & d'Amalaſonthe, firent
voir par leurs diſcours qu'ils n'auoient
iamais eſté amis. Monſieur de Mon-
tauban, auec ſon eloquence fiſt tout ce
qu'il pût pour l'emporter pardeſſus les
autres , & prouua qu'autrefois ſes Pieces auoient eſté trouuées admirables :
& vn certain nommé Monſieur le Vert,
dont les Pieces ont iadis réuſſi , ne
manqua pas de parler à ſon aduantage.

Monsieur Gilbert fit voir en difputant
fon rang , combien il auoit d'efprit.
L'Autheur du Cocu Imaginaire, & celuy des Ramoneurs , & du Feftin de
Pierre, tous deux Comediens, fe fuf-
fent battus fi l'on ne les en eut empef-
chez. Quand tous ces Meffieurs les
Autheurs Comiques eurent ceffé de
parler: Le Sieur Heledin , Abbé Dau-
bignac, dit , *qu'il eftoit raifonnable qu'il
marcha deuant eux ; puis qu'il auoit fait
la Pratique du Theatre.* Monfieur de la
Menardiere luy difputa ce rang, parce
qu'il y auoit auffi trauaillé ; & Monfieur Menage voyant qu'il auoit trouué
l'occafion de faire paroiftre fon efprit,
fe mit à difputer auec ces deux fçauans
hommes, lefquels pour faire enrager
le Galand, & la femme qu'ils auoient
pour Iuges, fe mirent à parler Grec.
Monfieur Boifleau s'y foura auffi, &
dit, *qu'eftant d'humeur fatyrique, ce que*
Menage ne luy pouuoit difputer, *il deuoit paffer deuant eux , & que ce rang
luy eftoit deub, à caufe que le deffunct s'e-
ftoit fort diuerty à la fatyre.* Monfieur
Furetiere, comme tres habile en ce

genre d'escrire, le disputa à Monsieur Boisleau. Monsieur de Sorel, Autheur du Francion, & du Berger extrauagant, dit *qu'il ne leur cederoit pas.* Monsieur Meseray leur dit aussi, *qu'ils auoient bonne grace de vouloir passer deuant luy, sçachant qu'il faisoit l'Histoire de France.* Ils luy repartirent aussitost, & luy dirent, *qu'ils estoient plus sçauans que luy, & que tous ceux qui estoient là presents : & que puis qu'ils reprenoient les fautes de tous les Ouurages, chacun les deuoit bien reconnoistre pour maistres.* Monsieur Meseray les abbaissa plus bas qu'ils ne s'estoient esleuez, & leur remonstra que (*difficile est satiram non scribere,*) *& que par ainsi, ils n'estoient pas si sçauans qu'ils se croyent l'estre.* Alors Monsieur de la Serre, repartit à Monsieur Meseray, *qu'il deuoit non seulement passer deuant luy ; mais encor deuant tous les autres ; puis qu'il auoit escrit beaucoup plus qu'aucun Autheur : & que les Liures ne luy auoient iamais cousté que la peine de les escrire ou de les dicter.* Alors tous ces Autheurs qui ne font qu'vne Elegie, & deux ou trois

Sonnets l'année, penserent le faire de-
uenir sourd à force de crier contre luy.
Les faiseurs de Romans, mesmes s'y
mirent, & Messieurs de Scudery, la
Calprenede, Vaumorieres, & Pellisse-
ry, le firent tomber d'accord, qu'il n'a-
uoit pas droict de passer deuant eux.
Alors Monsieur Cottin voulut prendre
party ; mais chacun luy dit, *qu'il estoit*
vn Autheur trop obscur, & qu'il ne par-
loit iamais qu'Enigmatiquement. Apres
qu'ils eurent tous parlé, Monsieur l'Abbé de Pure fist sa harangue auec vne
douceur admirable, & sçeut si bien
plaider sa cause, en disant, *qu'il trauail-*
loit sur toutes sortes de matieres, qu'il com-
posoit des Comedies, Romans, Sonnets,
Stances, Elegies, vers Latins, & qu'ainsi
estant vniuersel, il deuoit passer pardessus
tous ceux qui ne s'appliquoient qu'à vne
sorte de chose : qu'il s'en falut peu que
les Iuges ne manquassent de parole, en
luy donnant le premier rang, sans acheuer d'escouter les autres, tant il auoit
bien l'art de persuader. Ensuitte Monsieur Magnon leur dit, *qu'il les auoit*
laissé parler tous ; mais qu'il croyoit qu'au-

cun ne luy deuſt diſputer la premiere place
apres le corps ; puis qu'il eſtoit luy ſeul
plus ſçauant, que n'eſtoient enſemble tous
ceux qui venoient de parler ; & qu'il
compoſoit la Science vniuerſelle. Pluſieurs
luy reſpondirent, *qu'ils ne doutoient pas
qu'il ne fut habille homme ; mais qu'il falloit voir l'effeEt de ce qu'il promettoit, auant
que de le croire tel qu'il ſe diſoit.* Celuy
qui auoit parlé le dernier à Monſieur
Magnon, euſt à peine acheué ſon diſcours, que ie vis entrer Monſieur de
Benſerade, ſuiuy de cinq ou ſix Abbez
de Cour , tous gens à Sonnets & Madrigaux. Tous les Autheurs luy firent
de profondes reuerences, les Iuges
meſmes ſe leuerent pour le ſaluër, &
comme la couſtume a de tout temps
eſté, de faire bonne mine à ceux qui
ſont en faueur ; pluſieurs luy dirent
qu'il n'auoit que faire de parler pour
obtenir le rang que ſon merite luy deuoit donner, & qu'ils ſeroient tous ra-
uis de le ſuiure.

Comme dans toutes ſortes de pro-
feſſions, il ſe trouue des gens qui ne ſe
ſoucient guere de la Cour, il ſe trouua
quelques

quelques Autheurs qui en murmure-
rent, mais qui n'esclaterent pas, parce
que leur nombre estoit trop petit. Les
Abbez ne plaiderent point leur cause,
parce que les Autheurs n'eurent pas
plûtost cessé les soûmissions, qu'ils faisoient au galand Benserade, que les Iuges tesmoignerent qu'ils vouloient parler. Chacun fist alors silence, & la
femme prit la parole (ie croy que les
hommes en estoient demeurez d'accord, afin que l'vn d'eux n'eut point
d'auantage sur l'autre ;) quoy qu'il en
soit, voicy ce qu'elle dit.

*Messieurs, i'ay à vous dire que pour
vn homme d'esprit, feu Monsieur Scaron s'est bien trompé, quand il a creu que
les Autheurs seroient assez raisonnables
pour vouloir marcher chacun à leur rang,
& selon leurs merites : puis qu'à ce que
nous pouuons iuger, selon ce que nous ve-
nons d'oüir, les Autheurs qui ne font souuent qu'vn Sonnet, & que quelque Ma-
drigal par an, ne voudroient pas ceder, ny
aux Historiens, ny aux Traducteurs, ny
mesme à ces Messieurs qui ont composé
des Poëmes Epiques. Nous auons mes-*

E

me remarqué que quelques-vns de ceux qui viennent de parler, ont témoigné vouloir passer deuant tous les autres, bien qu'ils ne fussent encor Autheurs qu'en idée ; C'est pourquoy iugeant bien de la difficulté que nous aurions à vous faire obseruer les rangs que nous vous pourions donner, nous auons resolu de ne point dire nostre pensée là dessus, & de laisser marcher chacun selon l'ordre du hazard. Outre cette difficulté nous en auons encor vne autre, qui est qu'encore que nous pussions regler vostre marche, il nous seroit bien difficile de prononcer, qui doit marcher deuant des faiseurs de Poëmes Epiques, ou des Traducteurs, des faiseurs de Romans, ou de ceux de Comedies, des Historiens, ou de ces Messieurs qui tirent souuent de leur fond, des Ouurages qui pour ne ressembler en rien à tous ceux que ie viens de nommer, ne laissent pas d'auoir beaucoup de solidité : c'est pourquoy vous voyez qu'outre les rangs (qu'il faudroit donner à chacun selon les merites,) il faudroit encor regler ceux de chaque corps d'Autheurs ; puis qu'vn meschant Poëte voudroit passer deuant vn fameux Hi-

storien, & vn habille Traducteur ; parce
que , diroit-il , il est plus glorieux d'inuenter, que d'escrire des choses qui sont
déja faites, & de traduire vn Ouurage où
l'on ne met rien du sien. Vn autre dont les
Comedies auroient grand vogue, voudroie
marcher deuant celuy qui auroit fait vn
Poëme Epique , qui n'auroit pas reüssi ,
bien que l'on doiue estre plus en reputa-
tion pour auoir fait vn Ouurage de cette
nature ; (quand mesme il n'auroit pas
esté approuué ,) que pour auoir fait vne
Comedie, qui auroit eu les applaudisse-
mens de tout le monde. Il arriueroit la
mesme chose à l'esgard des autres, que ie
ne nomme pas , ce qui fait que nous ordon-
nons , qu'il n'y aura aucun rang parmy
les Autheurs, dans la Pompe funebre de
Monsieur Scaron, si ce n'est pour son successeur.

Cette Sentence réjoüist ceux qui ne
se sentoient pas assez de merite pour
marcher des premiers, & ne fascha les
autres que legerement ; d'autant que
leur esprit ne manqua pas de leur four-
nir des raisons pour se consoler.

Apres que j'eus veu tout ce que ie

vous viens de raconter, ie sortis de la
chambre, de mesme que j'y estois entré: & comme ie fus dans la cour, ie
rencontray vn homme assez bien fait,
qui me demanda si je voulois aller auec
luy au Temple, où l'on deuoit faire la
Pompe funebre de Monsieur Scaron. Ie
luy dis, que ie ne sçauois pas, où c'e-
stoit. Il me respondit, qu'il le sçauoit
bien, & que si ie voulois le suiure, il
me feroit voir des choses que ie n'auois
peut-estre jamais veuës. La curiosité
fut cause que ie le suiuis. Nous sor-
tismes hors de la Ville, & nous fusmes
plus de trois heures à trauerser des
Campagnes, que ie trouué fort agrea-
bles; ce qui fut cause que la longueur
du chemin ne m'ennuya point: outre
que nous nous entretinsmes pendant
tout le temps que nous marchasmes,
des Ouurages de feu Monsieur Scaron, ce qui nous faisoit rire de fois à
autre, les matieres en estants fort di-
uertissantes. Enfin apres auoir marché
tout le temps que ie vous viens de dire, cét homme me fist remarquer vn
Temple, qui me parût fort beau, &

dont nous eſtions fort proche. Il me
dit, que c'eſtoit le Temple de la Ioye,
& que les Dieux auoient ordonné que
Monſieur Scaron y ſeroit enterré, pour
recompenſe du plaiſir qu'il auoit don-
né aux hommes pendant ſa vie, &
pour luy faire gouſter vne joye parfaite : ce que ſa ſanté ne luy auoit jamais permis. Enſuitte, il me fit remarquer, qu'il n'y auoit que deux chemins
qui conduiſoient à ce Temple ; dont
l'vn eſtoit parſemé de fleurs, & l'autre
tout remply de ronces, d'eſpines, &
de pierres, qui formoient de petites
montagnes, pardeſſus leſquelles il falloit paſſer, & dont la deſcente eſtoit
fort rude. Il me dit encor, que ce
Temple n'auoit que deux portes par où
on y peut entrer, & que chacun de
ſes chemins aboutiſſoit à vne. Ie luy
demanday, pourquoy ces chemins
eſtoient ſi differans ? parce que, me
dit-il, il n'y a que deux ſortes de perſonnes qui vont au Temple de la Ioye,
& ceux qui y vont par le chemin que
vous voyez ſi difficile, ce ſont ceux
qui ne ſe rejoüiſſent qu'apres auoir

souffert beaucoup de peines dans la
vie, & auoir achepté les plaisirs par
vn long & penible trauail. Ces montagnes de pierres, que vous voyez,
adjoûta-t'il, dénotent les trauerses que
l'on a auant que d'arriuer à vn establis-
sement solide, & qui nous mette en
repos le reste de nostre vie. Il me dit
apres, que ceux qui venoient à ce Temple par le chemin de fleurs, estoient
de jeunes estourdis, qui passoient leurs
temps en desbauches, & qui despen-
soient tout ce qu'ils auoient, sans son-
ger qu'ils ne pourroient retrouuer vn
jour ce qu'ils auoient despensé. Il me
dit encore, que quand ceux-là estoient
entrez dans ce Temple par le chemin
de fleurs, ils estoient obligez d'en sortir par celuy qui estoit plein d'espines;
au lieu que ceux qui estoient entrez
par celuy qui estoit si difficile, n'en
sortoient jamais. En tenant ces discours, nous nous trouuasmes insensi-
blement auprez de ce Temple. Sur
l'vne des portes, il y auoit vne statuë
de *Democrite*, & sur l'autre, vne du
Poëte *Philistion*, qui comme vous sça-

nez mourut de rire. Entre ces deux portes, il y en auoit vne troisiesme, au dessus de laquelle estoit vn Tableau, où ce Temple estoit dépeint, & que l'on ne mettoit qu'aux jours de ceremonie, afin de faire connoistre à ceux qui venoient pour y assister, quel chemin ils deuoient tenir, s'ils pretendoient vn iour y estre receus : & pour cét effet, l'on y voyoit entrer par la porte du chemin de fleurs, de jeunes gens qui paroissoient enjoüez, & qui estoient tous habillez à la mode : & par celle du chemin d'espines, des gens desja sur l'âge, qui auoient fait fortune par l'espée ; Comme Mareschaux de France, Gouuerneurs de Villes, & d'autres qui auoient la mine de Financiers. Les premiers suiuoient à demy les modes presentes de la Cour, & les derniers estoient vestus de noir, & n'auoient que du linge vny. Ils estoient suiuis par quelques Autheurs, qui auoient fait fortune par leurs Ouurages ; mais le nombre en estoit petit. Ie demandé à celuy qui m'auoit amené, à quoy seruoit cette porte là ? puis

que l'on n'entroit que par les deux autres. Il me dit, qu'elle ne s'ouuroit
que quand il se faisoit quelque ceremonie, & que l'on l'ouuriroit, quand on
apporteroit le Corps de Monsieur Scaron. Ie luy demandé encore vne fois,
pourquoy elle ne s'ouuroit pas d'ordinaire ? & il me respondit, que c'estoit,
parce que la joye pour estre parfaite,
ne deuoit point auoir de milieu. Apres
tous ces discours, nous entrasmes
dans le Temple. Il estoit tendu de
chaque costé de deux lez de drap
couleurs d'oliue ; parce que c'est vne
couleur pacifique , & qu'il n'entre iamais de deüil dans ce Temple. Ces deux
lez estoient remplis d'escussons, sur les-
quels au lieu d'armoiries, l'on voyoit les
choses les plus remarquables du Roman
Comique du deffunct.

Le costé droit, contenoit celles du
premier volume, qui sont,

*Le Comedien Destin, representant He-
rode, assis sur vn matelas, auec vn corbillon
sur sa teste, qui luy seruoit de couronne.*

La Rancune, se battant de nuit contre

vne chévre, croyant que ce fut fa femme, & en receuant force coups de cornes.

Ragotin, à qui l'on couppoit le deffus de fon chappeau, parce qu'il eftoit trop enfoncé dans fa tefte.

Le Combat de nuit, de plufieurs per-fonnes en chemife, où Ragotin fut mordu à la cuiffe par l'Hôteffe.

La Defcription du brancard, & du pot de chambre de cuiure.

La Serenade de l'Exodiat, auec vn Cabinet d'Orgues, fur vn ais, foûtenu par deux trefteaux, au milieu de la ruë.

L'auenture du fac de bled fur la montée.

L'entrée d'Orleans.

Ragotin, fon vn cheual, deffanglé, & fon moufqueton entre fes jambes.

L'on voyoit sur les escussons de la tenture du costé gauche.

La Rancune, dans vn lit, auec les bottes, & les esperons qu'il auoit volez.

Le combat des Yurognes contre les Co-mediens, quand ils furent pris pour des Boesmiens.

L'Hosteliere, qui alloit nuds pieds, qui tenoit ses souliers d'vne main, & qui menoit de l'autre son cheual deferré; & son mary, qui le chassoit, & qui alloit aussi nuds pieds, tenant ses souliers.

L'orage des coups de poings, apres l'a-nanture du coprs mort.

Ragotin la teste dans le coffre.

Ragotin, les deux pieds dans le pot de chambre.

Le Destin, a table, ayant toute la viande du souper sur son assiette, qui fai-soit vne piramide plus haute

Le fou, qui couppoit les bottes de Ra-
gotin, cependant qu'il dormoit.

Ragotin, les mains liées, le nez dans
le bourbier, & la charrette sur luy ren-
uersée.

Ragotin nud dans vn jardin, les mains
liées, faisant tomber vne ruche, dont
toutes les mouches se jettoient sur luy, ce-
pendant qu'vn chien le mordoit.

Tous les bans de la Comedie tombez
sur Ragotin, qui auoit la teste dans l'es-
gou du Ieu de paulme.

Le Belier, se joüant auec Ragotin, &
luy donnant force coups de cornes.

A vingt pas de l'Hostel, à costé
droit, estoit le Tombeau que l'on
auoit esleué à Monsieur Scaron. Il
estoit porté sur les espaules, de six
Poëtes anciens, faits de marbre blanc,
qui tous ont esté satyriques, & qui
sont *Eupolis, Iuuenal, Lucilius, Ho-*

race, *Martial*, & *Perce*. Ie les reconnus tous pour ceux que ie vous
viens de nommer; parce qu'ils auoient
chacun vne inscription au dessus de
leur teste. Scaron estoit representé en
marbre au dessus de ce tombeau, &
estoit dans sa chaise de mesme qu'il
estoit en ce monde. Appollon luy mettoit vne Couronne sur la teste. Il y
auoit sur les quatre coins du mesme
Tombeau, quatre Poëtes Comiques,
à sçauoir *Anaxilas*, *Anaxippe*, *Ana-
xandride*, & *Nauius*. A l'vn des costez
de la Chaise de Scaron, l'on voyoit
Aristophane, qui est le Poëte qu'il
a le plus imité : & de l'autre l'on
voyoit *Plaute*. La graueure qui estoit
tout au tour du Tombeau, represen-
toit le combat des Parques ; & des
Poëtes, composé par Monsieur Scaron. Il y auoit plusieurs Niches, tout
au long de la muraille du Temple ;
contre laquelle estoit esleué le Mauso-
lée, où l'on voyoit les statuës de *Ra-
belais*, *Marot*, *Renier*, *Douuille*, &
Mainard, & autres de ceux qui ont
esté iadis de bonne humeur. L'Autel
de ce

de ce Temple estoit basty à l'anti-
que, la joye ayant regné de tout
temps ; mais ce que i'y trouué d'admirable, ce fut vn Tableau d'vne prodi-
gieuse grandeur, au milieu duquel la
joye estoit depeinte sous la figure d'v-
ne femme; qui quoy qu'elle parut âgée,
ne laissoit pas que d'estre capable
d'inspirer l'amour. Lon voyoit à l'vn de
ses costez tous les plaisirs dépeints,
qui estoient representez, comme l'on a
de coustume, par la *Mascarade*, *la*
Comedie, *la Chasse*, *la Pesche*, *la Paul-*
me, *l'amour & la bonne chere*. A l'autre costé d'elle, paroissoit vne foule
de monde incroyable de toutes sortes
d'estats, d'âges, & de sexes, qu'elle
inuitoit à prendre ces plaisirs.

Apres que nous eusmes attentiue-
ment consideré toutes ces choses, nous
vismes ouurir la porte du milieu du
Temple, & peu de temps apres, ve-
nir le corps de Monsieur Scaron,
auecque toute la Pompe que ie vous
vais d'escrire.

Premierement, nous vismes entrer
trente-six Colporteurs des mieux faits;

parce que l'on les auoit choifis parmy
beaucoup d'autres de leurs compagnons, ils portoient tous des torches
garnies d'Efcuſſons, fur lefquels eſtoiét
dépeints tous les incidens les plus remarquables de la precaution inutile, &
des autres Hiſtoires de cette nature,
faites par feu Monſieur Scaron. L'on
voyoit en ſuitte, douze portiers de Comedie, qui pour élargir le chemin de
la marche, faiſoient renger le peuple,
dont l'affluence eſtoit tout à fait grande. Venoient apres quatre Libraires,
de ceux qui auoient couſtume de crier
dans le Palais les œuures du deffunct.
Ils repreſentoient effectiuement des
crieurs, & pour cét effect, ils auoient
des habillemens ſemblables à ceux que
ces Meſſieurs ont couſtume de porter;
ils tenoient chacun vne ſonnette, &
auoient ſur le deuant & ſur le derriere
de leurs Corcelets, toutes les figures
qui ſont au deuant du Virgille Traue-
ſty, de l'Autheur dont ils aſſiſtoient à la
Pompe funebre. Ils eſtoient ſuiuis de
Meſſieurs les Comediens de l'Hoſtel de
Bourgogne, qui portoient des flam-

beaux de cire blanche, pareillement
ornez d'Escuſſons, où eſtoient auſſi dépeints tous les incidens ſerieux de ſes
Comedies. Meſſieurs les Comediens
du Marais, & ceux de MONSIEVR,
les ſuiuoient de prés ; & l'on remarquoit ſur les Ecuſſons qui eſtoient at-
tachez aux flambeaux qu'ils portoient,
toutes les poſtures des Scenes les plus
riſibles de Carmagnolle , de Iodelet
Dueliſte, de Iodelet ſouffleté, de Dom
Iaphet d'Armenie, des Genereux Enne-
mis, de Philipin Prince , & du Mar-
quis de la Victoire.

Apres que tous ces gens là furent entrez dans le Temple , le Chariot où
eſtoit le corps de Monſieur Scaron,
s'arreſta à la porte. L'on remarquoit
ſur les houſſes des ſix cheuaux, toutes
les choſes les plus conſiderables de la
Gigantomachie, comme

*Thiphon , joüant aux quilles auec ſes
freres.*

*Thiphon, jettant les quilles juſques
dans le Ciel, & briſant les verres & le
buffet de Iupiter.*

Mercure, haranguant Thiphon deuant le bucher.

Thiphon, & tous ses Compagnons
estendus comme des veaux aprés s'estre
soüillez.

Les Conseils des Dieux.

Le combat d'Encelade & de Mimas,
à la fenestre du Ciel.

L'asne de Silenne brayant & les Geans
prenans la fuitte.

Iupiter, receuant des chiquenaudes de
Thiphon.

Tous les Dieux transformez en bestes
s'enfuyant par dedans des bleds.

Mercure, en Cigogne, prenant l'ha-
bit d'vn pescheur de Corail & s'enfuyant.

Les accolades d'Hercule, & de tous
les Dieux, dans vne des ruës de Men-
phis.

Thiphon, sortant de son lit en calleçon, tout effrayé d'vn coup de tonnerre.

Thiphon, tenant Iupiter sous luy, & luy donnant des craquignolles.

Et sur tout le poil qui couuroit le Chariot, l'on voyoit *la deffaitte de Thi-phon.*

Les quatre coins du Poil, estoient portez par quatre Imprimeurs.

Vous trouuerez bon, que ie laisse quelque temps ce Chariot a la porte du Temple, pour vous dire par qui le corps de Monsieur Scaron fut reçeu. MOMVS, (à ce que me dit celuy qui m'auoit amené,) auoit esté deputé de la part de tous les Dieux pour le rece-uoir.

Momvs donc, parût à la porte auec vn visage fort guay ; il estoit sui-uy d'vne trouppe de gens, qui ont toûjours presque coustume de l'accom-pagner ; ils estoient la pluspart mas-quez, & vestus assez bizarrement ; Ils

auoient prefque tous des grelots aux
jambes, & la plufpart d'entr'eux,auoiét
des girouettes fur leurs teftes. Momus,
auoit commandé à vne douzaine de ces
gens-là , d'ofter le corps de Monfieur
Scaron du chariot où il eftoit, ce qu'ils
firent auecque beaucoup de peine ;
parce que, fa bierre , eftoit de la fonte
dequoy l'on fait les caracteres d'Imprimerie. Celuy auec qui i'eftois, me dit,
que la Baronade , * eftoit dedans, &
que Monfieur Scaron, auoit voulu
qu'elle fut enfeuelie auec luy ; afin
qu'il n'en fut jamais parlé. Ces douze
hommes , le porterent jufques au milieu du Temple , & Momus marchoit
deuant, auec vn Encenfoir , duquel il
fortoit au lieu de la fumée ordinaire,
des petits papiers pliez en poulets
(que chacun auoit liberté de ramaffer)
& dans lefquels, on trouuoit des vers
à la loüange de cét Autheur, faits en
toutes fortes de langues. Quelques-
vns s'efcrioient, que c'eftoit la la veri-
table maniere d'encenfer ; mais pour
moy je trouuay que les vers n'eftoient
pas plus folides que la vapeur de l'en-

C'eſt
ne fati-
e que
eu Mr
caron a
ait con-
te vn
artyfan

cens, & ne rendoient pas vn homme
plus heureux. Mais retournons s'il vous
plaist à la porte, pour voir ceux qui
suiuoient le corps.

Aprés que ceux qui accompagnoient
MOMVS, l'eurent osté du chariot, le
successeur dont nous auons déja parlé,
descendit d'vne mulle, sur laquelle il
estoit venu. Sa queuë estoit portée par
quatre garçons Libraires, & il estoit
enuironné de douze autres, qui em-
peschoient que la grande foule d'Autheurs, qui suiuoient ne l'incommo-
dast.

La pluspart de ces Autheurs estoient
ceux dont ie vous ay parlé tantost, &
de qui l'on n'auoit point reglé les rangs.
Ils estoient accompagnez du docte Pe-
lisson, de l'Epigramatiste Gombaud,
des Philosophes, Lesclache, du Rou-
re, Riche-source, Bary, Descartes,
Sorbiere, de l'enioüé de Marigny, du
Madrigaliste Montreüil, du fier Mar-
cassus, du sçauant la Mottele-Vayer,
de l'Historien de Prade, des Sieurs de
Chapusot, du Pin, Conrat, Audin,
Petit, Bardou, & Somaise, du serieux

Gomberuille, du moral Chevreau, du
feuere Bouchardeau, & du galantiſſi-
me de Lignieres, du Caualier Salbret,
de l'Autheur du nouueau Poëme de
Dauid, du Rotomageois, Coëto, des
ingenieux Perot, autheur du Dialogue
de l'amour & de l'amitié, & Iſſare autheur de la Piſtole parlante, de l'abil-
le Caſſagne, de l'Italien Amalthée, du
Sieur Eſprit, & du Fauory des Dames,
Saint Gabriel, du Pere Yue, Autheur
de la Ianſenie, des Reuerends Poëtes
Carneau, du Boſc, Membrun, & le
Breton, des Sieurs Lambert, du Teil,
Pelletier, & Colletet, des demis-Au-
theurs Iacob & Lucas, des galands Abbez Dubuiſſon, du Pille, Baraly, Fran-
cheuille, d'Yngitnom, & de Ledig-
nan. Parmy tous ces Meſſieurs, il y
auoit encore vn grand nombre de gens
de qualité qui ſe meſlent de faire des
vers, leſquels toutefois ne ſont pas
encor reputez pour Poëtes; Enfin il n'y
auoit pas meſme iuſques au petit de
Beau-Chaſteau, & de Lesfargue, dont
vous auez tant oüy parler, qui ne vou-
luſſent aſſiſter à cette Pompe funebre.

Tous ces Autheurs eſtoient ſuiuis de trente Compagnons d'Imprimerie, pour prendre garde que les mauuais Poëtes, & les Autheurs non imprimez, dont la foule eſtoit extraordinaire, ne les incommodaſſent: & pour cét effet, ils ſe ſaiſirent de la porte du Temple, & ne laiſſerent entrer perſonne apres ces Meſſieurs, dont les noms ſont cy-deſſus. Mais ce qui me donna le plus de diuertiſſement, ce fut de voir, qu'à meſure que tous ces Autheurs entroient dans le Temple, ils ſe mettoient à rire, & à ſauter, en deſpit qu'ils en euſſent, & j'eus le plaiſir de voir rire, & dancer des gens qui n'en auoient iamais tant fait en toute leur vie. Enfin apres que tout le monde euſt ry, & ſauté, plus d'vne demie heure, on commança l'Oraiſon Funebre, qui fut faite par Monſieur Boisleau. Vous vous eſtonnerez, peut-eſtre, qu'vn ennemy de feu Monſieur Scaron, ait fait ſon Oraiſon funebre; mais c'eſt vne choſe qu'il auoit briguée, afin de luy faire reparation d'honneur apres ſa mort; & en effet, il charma toute

l'Assemblée, & fit voir que le deffunt
auoit esté le glus galand, & le plus
agreable homme de son siecle, & finit
son discours, en faisant voir, que l'on
ne deuoit plus inuoquer que luy, dans
le commancement des Ouurages bur-
lesques.

Dés que Monsieur Boisleau eut acheué, ie vis le faiste du Temple s'éleuer
à perte de veuë, les murailles se recu-
ler, & tous les flambeaux dont ie vous
ay desja parlé, s'eslancer dans les airs,
& faire le mesme effet des fusées vo-
lantes. Le bruit qu'elles firent me re-
ueilla en sursaut, & ie connus que ce
bruit ne venoit que de quelques gens
qui frappoient à ma porte, & que les
murailles de ce Temple, qui se recu-
loient, n'estoient que les rideaux de
mon lict, que tiroient quelques-vns
de mes amis afin de m'esueiller : ce
qui me fit iuger que l'on ne pouuoit
trouuer vn Temple de la Ioye en ce
monde, puis qu'à moins que d'estre
fol, l'on n'y en pouuoit sentir de parfaite ; & que s'il y en deuoit auoir, c'e-
stoit dans le temps où l'on n'en pou-

uoir gouster, puifque c'eftoit en dormant.

Voila tout ce que le Dieu des Songes me fift voir. Ie fçay bien qu'il y a
quantité de chofes ridicules ; mais vous
n'ignorez pas qu'vn Songe eft toûjours
remply de chofes extrauagantes & hors
de la vraye-femblance. Ce que j'ay
trouué de plus remarquable dans mon
Songe, c'eft que ie vis dans cette Pompe, d'vne maniere fort diuertiffante,
tous les Ouurages qu'il a compofez.
De plus, j'admiray la prudence de ceux
qui n auoient point voulu regler le
rang des Autheurs, afin de leur ofter
tout lieu de fe plaindre ; & ie connus
enfin, par le choix que Monfieur Scaron, auoit fait d'vn fucceffeur, qu'il
auoit autant de prudence que d'efprit ;
puis qu'à parler fincerement, Monfieur de Bois-Robert, eft le plus accó-
ply, & le plus galand de tous les hómes.

Mandez-moy, ce que vous penfez de
mon fonge, & fi vous ne me prendrez
pas d'orefnauant pour vn grand refueur.

F I N.

LE LIBRAIRE

au Lecteur.

LEs Autheurs qui ſont icy nommez doiuent, biens loin de s'offencer, ſçauoir bon gré à l'Autheur de cette Pompe funebre, puis qu'au lieu de les offencer, il a pretendu faire voir que ce ſont les plus illuſtres perſonnes de ce ſiecle.